促进核心素养发展的STEAM课程

郑旭东　吴玉松◎主编

HUANYOU
SHIJIE

环游世界

长江出版传媒　湖北科学技术出版社

图书在版编目（CIP）数据

促进核心素养发展的 STEAM 课程 . 环游世界 / 郑旭东
吴玉松主编 . — 武汉：湖北科学技术出版社，2020.12
ISBN 978-7-5352-9475-3

Ⅰ . ①促…　Ⅱ . ①郑…　Ⅲ . ①科学知识 – 小学 – 教学参考资料
Ⅳ . ① G624.63

中国版本图书馆 CIP 数据核字（2020）第 135536 号

出 版 人　章雪峰
策划编辑　万冰怡
责任编辑　万冰怡
美术编辑　胡　博
责任校对　陈横宇
督　　印　刘春尧
出版发行　湖北科学技术出版社
地　　址　武汉市雄楚大街 268 号
　　　　　（湖北出版文化城 B 座 13–14 层）
邮　　编　430070
电　　话　027–87679464
网　　址　http: //www.hbstp.com.cn
印　　刷　湖北恒泰印务有限公司
邮　　编　430223
开　　本　787毫米×1092毫米　16 开　　3 印张
字　　数　40 千字
版　　次　2021 年 1 月第 1 版
　　　　　2021 年 1 月第 1 次印刷
定　　价　24.00 元

《环游世界》

编 委 会

前言

PREFACE

由在班级这一基本的组织框架下实施的分科教学构成的班级授课制，成为近代以来教育系统最基本的制度安排。在信息技术与课程教学深度融合驱动的新一轮教育改革中，STEAM 与创客教育备受关注，被寄予了打破传统的制度框架、培养创新创业型人才的厚望。STEAM 与创客教育致力于以工程实践实现知识整合，为实现真正意义上的跨学科教学开辟一条新路。它寄托在学习者身上的全部追求，即：像艺术家一样去想象，以彰显自我的真实；像科学家一样去思考，以展现理性的权威；像工程师一样去行动，以释放知识的力量；像正常人一样去生活，以汲取经验的滋养，从而让教育在实践中走向真、善、美的统一，真正破解异化的教育造就异化的人这一历史难题，让教育在 21 世纪人类文明创新发展的新历史进程中大放异彩！

为践行以上 STEAM 与创客教育的本体论承诺，我们研发了系列 STEAM 与创客整合课程。该系列课程具有以下特色：一是参照多学科课程标准。课程内容的选择及知识点难度的确定依据《义务教育小学科学课程标准》《全日制义务教育数学课程标准（实验稿）》《基础教育信息技术课程标准（2012 版）》等，使课程内容既符合学习者的认知发展水平，又能以整合的方式被运用，以有效支撑学科教学。二是让学习者动手动脑动心。课程设置丰富的动手操作活动，并在活动中融入多学科知识基础和问题支架促进学生动脑思考，让学生在动手动脑的学习过程中真正喜欢 STEAM 与创客教育整合课程。三是适应多样化的教学场景。课程设计根据不同的空间环境和材料设备状况，针对同一学习内容设计了不同的实施方案，加上模块化的课程组织方式，使课程能够适应学校教育场景和科技馆、学习中心、博物馆等多种校外教育场景。四是师生分册。

教师的教和学生的学共同组成完整的教学活动，针对教师教学和学生学习的不同需求，分别设计了教师用书和学生用书。学生用书为学生的学习提供完整的脚手架，引领学习活动不断走向深入。教师用书帮助教师在理解教学的基础上以学定教的实施教学。

苏格拉底曾说："教育不是灌输，而是点燃火焰。"STEAM 与创客教育的目标就是要点燃埋藏在学习者心底那求知的火焰，让教育重新焕发生机与活力，让学校重新成为一个令人向往的地方。现在，STEAM 与创客教育工作者们已经从"动手"的境界出发，向"动脑"的境界迈进，最终必然会到达"动心"的光辉顶点。为此，需要在超越"做中学"和"发现学习"的基础上，通过"创中学"以技术拨动孩子心灵的琴弦，实现动手、动脑与动心的交织融合，开创教育新的未来。狄更斯曾在以法国大革命为背景写就的《双城记》中说："这是最好的时代，也是最坏的时代。"今天的教育同样处在深刻变革的历史洪流之中。对教育变革饱含热情的人们虽然已经见惯了"失望之冬"，但仍然对"希望之春"充满了憧憬。STEAM 与创客教育的航船承载了教育未来的希望。站在历史的地平线上，已经能够遥望到这艘在教育的蓝海中前行之航船的桅杆尖头。经由我们的努力，未来一代的学习者们，将可以搭乘这艘航船，驶向在诸神和英雄的世界中发现并创造自我的教育彼岸。

目录

CONTENTS

环游世界

模块一　中国戏曲脸谱　/ 1

模块二　荷兰风车　/ 9

模块三　埃及金字塔　/ 17

模块四　巴西足球　/ 25

模块五　澳大利亚农牧场　/ 34

模块一 中国戏曲脸谱

核心问题

在脸谱中，不同的色彩代表了不同的人物性格，那么如何为一个能代表特定人物的脸谱建模呢?

情境

欢迎来到环游世界的第一站——中国！一起了解具有中国特色的脸谱。脸谱，是中国传统戏曲演员脸上的绘画，是舞台演出时的化妆造型艺术。不同行当的脸谱，情况不一。“生”“旦”面部妆容简单，略施脂粉，而“净”“丑”面部妆容复杂。让我们一起探索中国脸谱的奥秘吧！

关键词

脸谱　色光三原色　色散　三棱镜　旋转　镜像　对称

活动

★中国戏曲　由民间歌舞、说唱和滑稽戏三种不同艺术形式综合而成。经过长期的发展演变，逐步形成了以京剧、越剧、黄梅戏、评剧、豫剧五大戏曲剧种为核心的中华戏曲百花苑。

★光学三原色　色彩中不能再分解的三种基本颜色，即红、绿、蓝。

活动一　说唱脸谱

1 请在“（　　）”内写出脸谱所代表的角色。

【提示】　“蓝脸的窦尔敦，盗御马。红脸的关公，战长沙。黄脸的典韦，白脸的曹操，黑脸的张飞，叫喳喳……紫色的天王，托宝塔。绿色的魔鬼，斗夜叉。金色的猴王，银色的妖怪，灰色的精灵，笑哈哈。”

红脸（　　）	白脸（　　）	黑脸（　　）	紫脸（　　）	绿脸（　　）

金脸（　　）	黄脸（　　）	银脸（　　）	灰脸（　　）	蓝脸（　　）

2 请参考“脸谱与性格特征顺口溜”，在对应颜色脸谱后的空格中，写上其代表的性格并列举相关角色。

【脸谱与性格特征顺口溜】　红忠紫孝，黑正粉老；水白奸邪，油白狂傲；黄狠灰贪，蓝勇绿暴；神佛精灵，金银普照。

脸谱颜色	性格	举例
红色		
蓝色		
黑色		
白色		
绿色		
黄色		
紫色		
金、银色		

活动二 神奇的色光三原色

1 请思考下列情景中的问题。

【情景】 老师想设计一块黄色的脸谱图案，但是现在只有红、绿、蓝这三种颜色可选。该怎么做才能实现这个想法呢？

2 请填写颜色相加后形成的颜色名称。

（1）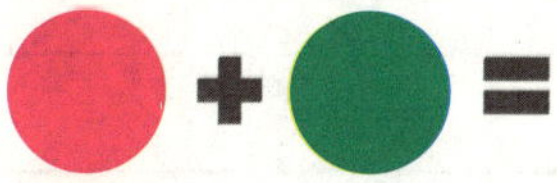 ________色

（2）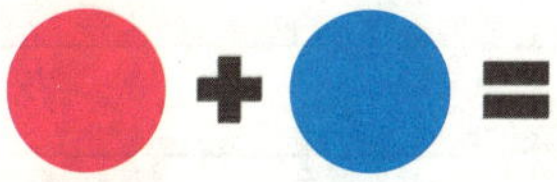 ________色

（3）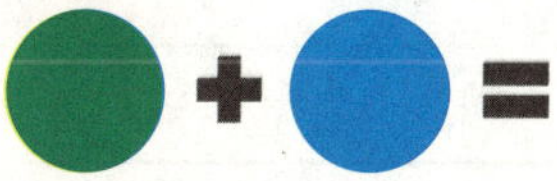 ________色

活动三 深藏不露的太阳光

1 请先了解下方方框中的几个概念。

★单色光　混合色光的组成部分。单一频率（或波长）的光，不能产生色散。

★复色光　由几种单色光合成的光。例如，太阳光、弧光、白炽灯发出的光。

★光的色散　复色光分解为单色光的现象。

2 请按可行的实验方案进行实验，将在实验过程中观察到的现象及想法填写在下方横线上。

★方案一　直接利用太阳光。

将三棱镜调节到合适的位置，在白色的墙面上即可看到彩色光带。

★方案二　无太阳光，利用教室的多媒体投影仪。

a. 制作一张背景全黑的幻灯片，在幻灯片中央偏下合适位置画一条白线。

b. 打开媒体设备，放映幻灯片，得到从投影仪射向屏幕的一束白光。

c. 将三棱镜放置合适的位置，调整角度，便可看见清晰的彩色光带。

（1）我观察到的现象有：________________________________

____

（2）出现这样的现象，我认为原因是：____________________

____

（3）根据老师的讲解，我发现真正的原因是：______________

____

____

活动四 脸谱建模我在行

请和小组成员共同选择一副喜欢的脸谱，动手设计并用软件制作出脸谱模型。

（1）制订方案

我们小组的名字	
我们小组的成员	
材料清单	请选择合适的材料： □计算机　□ 123D Design 软件　□ 3D 打印耗材 □ 3D 打印机　□ Cura 软件　□插座 补充的材料有：
绘制的思路	

（2）实施建模方案

绘制脸谱的步骤	
使用到的软件功能	

（3）评价方案

我们认为做得很棒的小组有：   理由：   值得我们学习的地方：
我们小组做的脸谱模型好吗？还有什么可以改进的？

我的评价

请根据自己的学习情况，给小星星涂上喜欢的颜色。

20% 能做到 ☆
40% 能做到 ☆☆
60% 能做到 ☆☆☆
80% 能做到 ☆☆☆☆
100% 能做到 ☆☆☆☆☆

1. 我能根据不同色彩的内涵进行历史人物脸谱图片的准确匹配	☆☆☆☆☆
2. 我能说出不同色彩脸谱所代表的人物性格	☆☆☆☆☆
3. 我能说出色光的三原色及其加色法原理	☆☆☆☆☆
4. 我能理解光的色散的原理	☆☆☆☆☆
5. 我能在利用 3D 打印设计并制作脸谱模型的过程中，深化对建模、切片打印、模型验证与组装过程的理解	☆☆☆☆☆
6. 我能设计并进行脸谱模型的建模	☆☆☆☆☆
7. 我能说出脸谱的发展历史	☆☆☆☆☆
8. 我能在利用 123D Design 软件设计脸谱的过程中，使用旋转和对称功能	☆☆☆☆☆

反思笔记

◎请选择一副最喜欢的脸谱并说明原因。

____

____

◎请解释光的色散现象，并举例说明。

____

____

◎我在本模块收获最多的是：

____

____

◎我在本模块做得不好需要努力的地方是：

____

____

模块二 荷兰风车

核心问题 荷兰风车的结构是什么样的？它是如何将风能转换为电能的？

情境

荷兰是欧洲西部一个只有1000多万人口的国家，它的真正国名叫“尼德兰”，因其北荷兰省和南荷兰省最为出名，故又称荷兰。由于荷兰海陆风长年不息，1229年，荷兰人发明了世界上第一座为人类提供动力的风车。接下来，就让我们一起走近“风车之国”，探索其奥秘吧！

关键词

荷兰　风车　能量转换　风能　机械能　电能　对齐　组合　空壳　阵列

活动

活动一 走近“风车之国”

1 请在老师的带领下观看相关视频，感受荷兰浓厚而又悠久的风车文化，并思考下列问题。

（1）荷兰这一国名在英语和荷兰语中都是__________的意思，荷兰地势__________（选填“高”“低”），湖泊、沼泽__________（选填“多”“少”），为了防止家园被淹没，需要利用风车进行____________（选填“排水”“灌溉”）。

（2）在荷兰，风车的作用有______________________________。（多选）

A. 排水	B. 榨油	C. 发电	D. 锯木头

E. 磨粉	F. 灌溉	G. 民族文化象征	H. 重大节日装扮

活动二 我有“火眼金睛”

1 请认真观察图 2-1，并在老师的带领下观看相关视频，思考风车的结构有哪些？这些结构分别有什么作用？完成下表的填写。

结构	功能

图 2-1 风车

2 拓展问题：为什么我们看到的风车都是三、四片叶子而不是五片或者更多呢？

a. ______________________________

b. ______________________________

c. ______________________________

d. ______________________________

活动三 风力发电

1 请先了解相关的概念并思考：荷兰的风车是如何利用风来发电的？

★风能　地球表面大量空气流动所产生的动能。它是一种无污染和可再生的新能源，有着巨大的发展潜力。不同的国家，风能资源的丰富程度和利用率不同。

★动能　物体由于运动而具有的能量。

★机械能　动能与部分势能的总和，这里的势能分为重力势能和弹性势能。

★电能　指电以各种形式做功(即产生能量)的能力。电能被广泛应用在动力、照明、冶金、化学、纺织、通信、广播等各个领域，是科学技术发展、国民经济飞跃的主要动力。

★能量转换　能量在固定封闭环境下，既不能凭空产生，也不能凭空消失，能量转换是指能量从一种形式转化为另一种形式，或是从一个物体转移到另一个物体。例如，我们日常用的电风扇就是将电能转化为了机械能和少量的热能。

2 请将思考后的答案写在下方的横线上。

____

____

____

活动四 风力发电模拟实验

1 请了解该实验需要准备的内容并进行实验。

（1）实验器材：底座、风扇叶、发电机、电机、支架、电池、电池盒、LED 灯、夹子、开关。

（2）实验原理：利用电池带动连接电机的小风扇转动来模拟自然界的风，让这风带动另一架小风扇转动起来。使与该小风扇相连的发电机将机械能转换成电能，并通过导线使得 LED 灯亮起来。

图 2–2 实验器材

（3）实验步骤：参考图 2–2 进行拼装。

2 请说出实验发现。

____

____

____

____

____

3 作为一名环境保护专家，还可以利用哪些大自然的免费资源呢？

____

____

____

____

____

活动五 风车建模我在行

请和小组成员共同选择一座喜欢的风车，动手设计并用软件制作出风车模型。

（1）制订方案

我们小组的名字	
我们小组的成员	
材料清单	请选择合适的材料： □计算机　□ 123D Design 软件　□ 3D 打印耗材 □ 3D 打印机　□ Cura 软件　□插座 补充的材料有：
绘制的思路	

（2）实施建模方案

风车建模的步骤	
使用到的软件功能	

（3）评价方案

评一评

我们认为做得很棒的小组有：

理由：

值得我们学习的地方：

我们小组做的风车模型好吗？还有什么可以改进的？

我的评价

请根据自己的学习情况，给小星星涂上喜欢的颜色。

20% 能做到	☆
40% 能做到	☆☆
60% 能做到	☆☆☆
80% 能做到	☆☆☆☆
100% 能做到	☆☆☆☆☆

1. 我能说出风车的主要组成部分及其功能	☆☆☆☆☆
2. 我能认识到不同形式的能量可以相互转换	☆☆☆☆☆
3. 我能解释风能转化为机械能和电能的能量转换过程	☆☆☆☆☆
4. 我能在利用 3D 打印设计并制作风车模型的过程中，深化对建模、切片打印、模型验证与组装过程的理解	☆☆☆☆☆
5. 我能设计并进行风车模型的建模	☆☆☆☆☆
6. 我能说出荷兰风车的由来与作用	☆☆☆☆☆
7. 我能认识到清洁能源对环境更友好，养成使用清洁能源的环保意识	☆☆☆☆☆

反思笔记

◎本模块中荷兰给我印象最深的地方是：

____

____

◎本模块我学到的关于自然界中能量转换的知识有：

____

____

◎我在本模块收获最多的是：

____

____

◎我在本模块做得不好需要努力的地方是：

____

____

模块三 埃及金字塔

核心问题

如何利用 3D 打印技术制作出金字塔模型?

情境

金字塔是世界七大奇迹之一，其整体规模雄伟壮观，设计科学，构造复杂。关于金字塔的传说更为其增添了神秘的色彩。这一站，让我们一起领略埃及金字塔的风光吧!

关键词

三角形稳定性　埃及　金字塔　直金字塔　阶梯金字塔

弯曲金字塔　偏移　缩放　放样　圆角

活动

活动一 走近埃及金字塔

搜索引擎搜索技巧

★使用不同的搜索引擎　百度、搜狗、360、必应、火狐等。

★搜索关键词提炼　提炼想要搜索信息中的关键词。如下页图，删除与想要搜索信息无关的、相近的、修饰词等，得到较容易搜索的关键词。

李阳同学想要查找首都北京的著名景区名单，他用的关键词是“关于首都北京的著名景区名单”。你觉得合适吗？

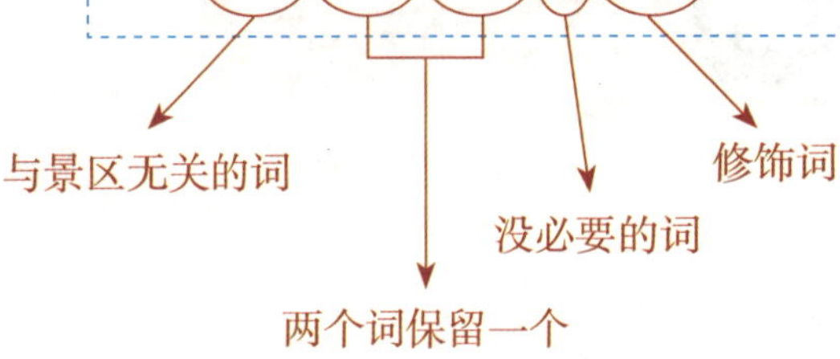

所以，较好的关键词是“北京景区名单”

★用好逻辑命令　and、or、not。假设 A 检索的数字中包含“1、0、3”，B 检索的数字包含“1、2”。

A and B 同时满足两个或多个检索概念，即在检索结果中同时出现 A 和 B 两个检索词，即数字“1”。

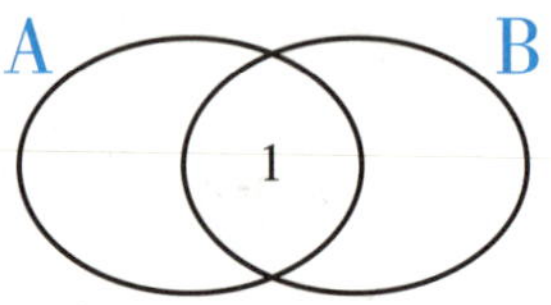

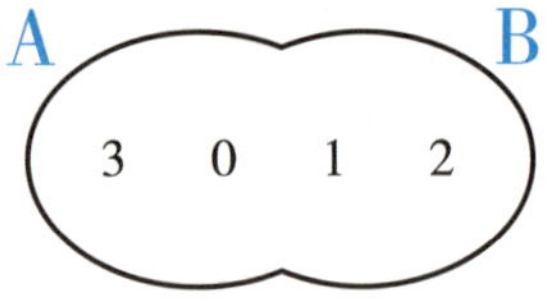

A or B 同时满足两个或多个检索概念，即在检索结果中同时出现 A 和 B 两个检索词。即出现数字“0、1、2、3”。

A not B 表示在 A 的检索结果中剔除 B 所检索到的结果。即出现数字“0、3”。

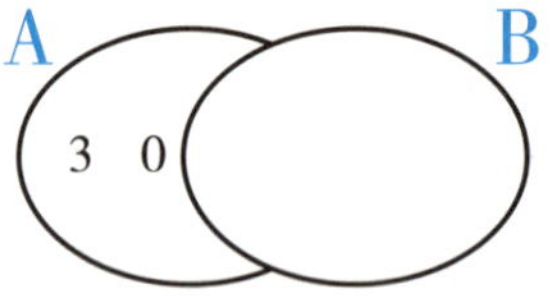

请利用搜索引擎，将检索的信息记录在下方横线上。

（1）埃及的地理位置：________________________________

____

（2）金字塔的结构：________________________________

____

（3）金字塔的发展演变：______________________________

____

____

____

（4）金字塔的建造方法：________________

____

____

____

____

活动二 我有"火眼金睛"

1 请将三种结构金字塔的名称与图片进行匹配（用线段连接）。

弯曲金字塔

直金字塔

阶梯金字塔

2 请思考这三种金字塔之间的相同点与不同点。

（1）相同点：

a. ________________

b. ________________

c. ________________

（2）不同点：

a. ____________________

b. ____________________

c. ____________________

3 请从直金字塔、阶梯金字塔和弯曲金字塔中选择一种结构的金字塔，通过查阅资料，和小组成员探讨这种金字塔是如何建造的。

（1）我们组选择的金字塔结构是：____________________

（2）它是这样建造的：____________________

____

____

____

____

活动三 比一比，谁更稳

1 实验前，请先思考以下问题。

（1）金字塔常年屹立不倒的原因是：____________________

____

（2）生活中还有哪些地方应用了上一问的原理，请举例说明：__________

____

____

____

____

2 请先了解该实验需要准备的内容。

（1）实验器材：牙签、橡皮泥、书。

（2）实验说明：各小组利用分配好的材料，发挥想象搭建不同结构的承重物。哪一组承载的书本数量最多，这一组所创造的结构便是最优的。

3 实验后，请各小组就以下问题进行回答。

（1）我们小组的结构可以承载书的数量为：____________________

（2）什么结构承载的书最多：____________________

____

（3）为了承载更多的书，我们组打算这样改进：____________________

____

____

活动四 我是现代金字塔建筑师

请设计并用软件制作出金字塔模型。

（1）制订方案

我们选择打印的金字塔模型是：□直金字塔　□阶梯金字塔　□弯曲金字塔	
我们小组的名字	
我们小组的成员	
材料清单	请选择合适的材料： □计算机　□ 123D Design 软件　□ 3D 打印耗材 □ 3D 打印机　□ Cura 软件　□插座 补充的材料有：
绘制的思路	

（2）实施建模方案

绘制金字塔的步骤	
使用到的软件功能	

（3）评价方案

我们认为做得很棒的小组有：   理由：   值得我们学习的地方：
我们小组做的金字塔模型好吗？还有什么可以改进的？

我的评价

请根据自己的学习情况，给小星星涂上喜欢的颜色。

20% 能做到 ☆
40% 能做到 ☆☆
60% 能做到 ☆☆☆
80% 能做到 ☆☆☆☆
100% 能做到 ☆☆☆☆☆

1. 我能利用信息技术工具搜索与埃及金字塔形成的自然和人文环境相关的资料	☆☆☆☆☆
2. 我能说出埃及金字塔的历史和建造动因	☆☆☆☆☆
3. 我能区分三种金字塔（直金字塔、阶梯金字塔和弯曲金字塔）的异同	☆☆☆☆☆
4. 我能解释埃及金字塔屹立不倒的原因	☆☆☆☆☆
5. 我能在利用 3D 打印设计并制作金字塔模型的过程中，深化对建模、切片打印、模型验证与组装过程的理解	☆☆☆☆☆
6. 我能设计并进行金字塔模型的建模	☆☆☆☆☆
7. 我能感受埃及金字塔的奇妙之处，体会建筑之美	☆☆☆☆☆
8. 我能合理利用现代技术进行 3D 模型打印，具备节约意识	☆☆☆☆☆

反思笔记

◎本模块中埃及给我印象最深的地方是：

◎本模块我学到的关于埃及金字塔的知识有：

◎我在本模块收获最多的是：

◎我在本模块做得不好需要努力的地方是：

模块四　巴西足球

核心问题

足球的运动状态是如何发生改变的?

情境

巴西享有“足球王国”的美誉，说到巴西，人们往往会想到足球。对于巴西人而言，足球不仅是一种大众运动，更代表了一种文化生活的主流。这一站，让我们走进这个崇尚足球的国度，了解足球文化的风采。

关键词

多边形　力的作用　运动状态　巴西　足球　世界杯　测量　相交　吸附

活动

活动一　足球的起源与发展

请在老师的带领下观看相关视频并回答下列问题。

（1）2004 年，国际足联宣布足球起源于________________，其实在我国的古代早已经有这种游戏，我们称它为____________（图 4–1）。

图 4–1　蹴鞠

（2）在__________朝，蹴鞠成为军事训练的重要手段，它不仅能够锻炼士兵的体魄，而且在激励军队士气上具有重要的作用，蹴鞠的规则也在这一时期逐渐完善。

（3）__________朝是蹴鞠运动的兴盛阶段，此时蹴鞠运动发生了质的飞跃，出现了六片鞠和充气鞠，同时女子蹴鞠运动也开始流行起来。随着对外文化交流的深入，蹴鞠传到了日本和朝鲜半岛。

活动二 认识足球

1 请回忆与多边形相关的知识，结合足球模型，尝试回答下列问题。

金字塔	水立方
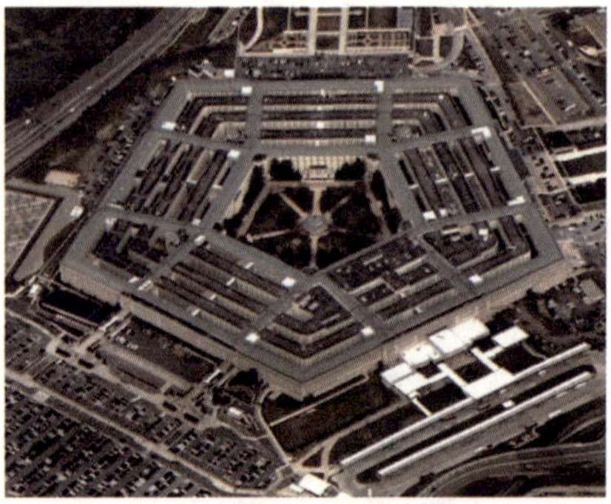	
五角大楼	蜂巢大厦

（1）构成金字塔的图形有：______________________________

（2）由四边形组成的建筑有：______________________________

（3）五角大楼主要构成的图形有：______________________________

（4）由六边形构成的建筑是：______________________________

（5）选择和判断多边形的依据是：________________________________

____

2 请从足球的颜色、形状和结构三个方面仔细观察图 4–2。

（1）足球的构造为：________________________________

____

（2）为什么大多数的足球是黑白色的？

图 4–2　足球

____

____

3 请观察历届世界杯比赛所使用的足球的图片，回答下列问题。

第一阶段：真皮		

1970 年墨西哥世界杯比赛正式用球	1974 年德国世界杯比赛正式用球	1978 年阿根廷世界杯比赛正式用球
第二阶段：合成材料		

1986 年墨西哥世界杯比赛正式用球	1990 年意大利世界杯比赛正式用球	1994 年美国世界杯比赛正式用球

第三阶段：高科技复合材料		

2006 年德国世界杯比赛正式用球	2010 年南非世界杯比赛正式用球	2014 年巴西世界杯比赛正式用球

（1）从历届世界杯所用的足球中发现了哪些共同点：

①____

②____

③____

（2）从历届世界杯所用的足球中发现了哪些不同点：

①____

②____

③____

是什么引起了足球的变化？________________________

____

活动三 足球运动的原理

1 请动手做关于力的小实验并思考下列问题。

动手操作如下小实验：拍桌子，左手拍右手，两个同学扳手腕。

（1）上述实验中哪些词语与动作相关？

____

（2）为什么在拍桌子时，手会感到疼痛？

____

（3）日常生活中还有哪些与力有关的例子？

____

____

2 请观察图片中力的现象，完成连线题和思考题。

体育运动中		

举重	篮球	足球
工农业生产中		

起重机	拉车	犁地

图片	物体	作用	物体
举重	人		车
篮球	人		货物
足球	人		犁
起重机	起重机		篮球
拉车	拉索		杠铃
犁地	牛		足球

（1）静止的物体动起来的原因是什么？

____

（2）什么是力？它包含哪些要素？

____

3 请反思实验和图片现象，回答下列问题。

（1）用力踢足球和轻轻踢足球，足球的运动情况相同吗？

____

（2）尝试往不同的方向踢足球，足球的运动方向相同吗？

____

____

（3）在足球场上，优秀运动员的脚踢在球的恰当位置，球会划出一道弧线，飞转过守门员并进入球门，这就是人们常说的“香蕉球”。这里的“恰当位置”指的是力的三要素中的哪一个呢？

____

____

活动四 足球建模我在行

请设计并用软件制作足球模型。

（1）制订方案

我们小组的名字			
我们小组的成员			
材料清单	请选择合适的材料：		
	□计算机	□ 123D Design 软件	□ 3D 打印耗材
	□ 3D 打印机	□ Cura 软件	□插座
	补充的材料有：		

绘制的思路	

（2）实施建模方案

绘制足球的步骤	
使用到的软件功能	

（3）评价方案

我们认为做得很棒的小组有：   理由：   值得我们学习的地方：
我们小组做的足球模型好吗？还有什么可以改进的？

我的评价

请根据自己的学习情况，给小星星涂上喜欢的颜色。

20% 能做到 ☆
40% 能做到 ☆☆
60% 能做到 ☆☆☆
80% 能做到 ☆☆☆☆
100% 能做到 ☆☆☆☆☆

1. 我能说出足球的起源以及现代足球发展的历史	☆☆☆☆☆
2. 我能说出金字塔、水立方、五角大楼和蜂巢大厦的基本形状构成	☆☆☆☆☆
3. 我能归纳不同时期足球形状构成的“不变”以及材料的“变”	☆☆☆☆☆

4. 我能解释足球的运动原理，并能描述出力的概念及要素	☆☆☆☆☆
5. 我能在利用 3D 打印设计并制作足球模型的过程中，深化对建模、切片打印、模型验证与组装过程的理解	☆☆☆☆☆
6. 我能设计并进行足球模型的建模	☆☆☆☆☆
7. 我能意识到运动对人体生活的重要作用，热爱体育运动	☆☆☆☆☆
8. 我能意识到人类的活动蕴含多种科学知识，提高观察和感悟生活的能力	☆☆☆☆☆
9. 我能领悟到科技的进步对人类生活的重要意义	☆☆☆☆☆
10. 我能养成动手操作的习惯，形成科学探究、实事求是和合作的品质	☆☆☆☆☆

反思笔记

◎本模块中巴西给我印象最深的地方是：

____

____

◎本模块我学到的关于力的知识有：

____

____

◎我在本模块收获最多的是：

____

____

◎我在本模块做得不好需要努力的地方是：

____

____

____

模块五 澳大利亚农牧场

核心问题

澳大利亚被称为“骑在羊背上的国家”，是世界上最大的羊毛和牛肉出口国。澳大利亚的农牧业为什么如此发达?

情境

澳大利亚农牧业产品的生产和出口在国民经济中占有重要位置，其境内大大小小的农牧场约有13.5万个，覆盖了超过60%的国土。现在让我们一起领略澳大利亚农牧场的风光吧!

关键词

可持续发展　生态平衡　袋鼠　松鼠　澳大利亚　3D建模　切片

活动

活动一　认识澳大利亚地理位置、气候和典型动物

1 请在如图5-1所示的世界地图中，用圆圈圈出澳大利亚并回答下列问题。

从世界地图中可知：澳大利亚位于________半球，西邻________洋，东临________洋，四周环海。

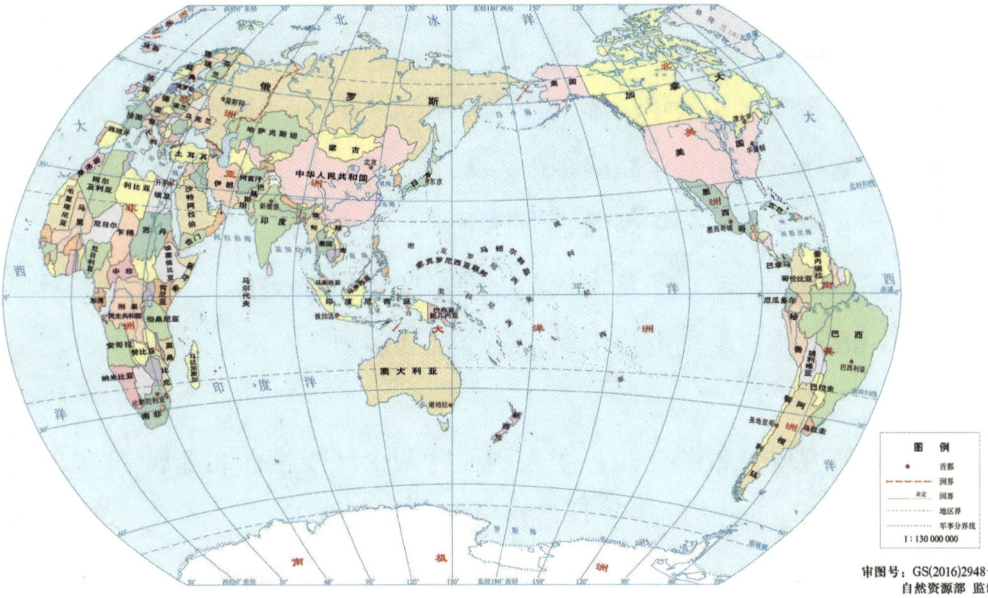

审图号：GS(2016)2948号
自然资源部 监制

图 5-1　世界地图

2 在如图 5-2 所示的澳大利亚气候图中，能发现澳大利亚的气候有什么规律？

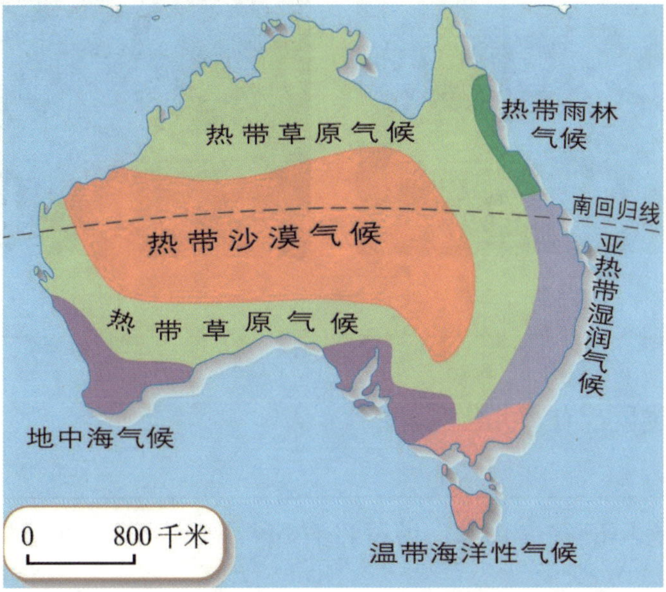

图 5-2　澳大利亚气候图

澳大利亚主要气候类型及其特征

★总体情况　澳大利亚地处南半球，与中国的时差只有 2~3 小时，但是季节却完全相反。12 月—次年 2 月为夏季，3—5 月为秋季，6—8 月为冬季，9—11 月为春季。

★热带草原气候　全年高温，一年分干湿两季。

★热带雨林气候　全年高湿多雨，无干旱期。

★热带沙漠气候　全年高温，炎热干燥，极少下雨。

★亚热带湿润气候　冬夏季气温、降水变化相对较小。

★地中海气候　夏季炎热干燥，冬季温和多雨。

从澳大利亚气候分布图可知，澳大利亚跨两个气候带，北部属于________________，由于靠近赤道，1—2 月是台风期。南部属于____________，中西部是荒无人烟的沙漠，干旱少雨，气温高，温差大；在沿海地带，雨量充沛，气候湿润，适宜发展农牧业。

3 请仔细观察澳大利亚袋鼠和松鼠的图片，回答下列问题。

袋鼠

松鼠

（1）所有袋鼠都有育儿袋吗？

____

（2）为什么袋鼠有育儿袋，松鼠没有呢？

____

____

（3）松鼠的大尾巴有什么作用呢？

____

____

（4）袋鼠的育儿袋、松鼠的大尾巴这些突出的外形特征与什么有关呢？

活动二 澳大利亚农牧场风光

1 请欣赏澳大利亚农牧场风光的图片（图 5–3），回答下列问题。

图 5–3　农牧场风光图

（1）从图片中能发现什么？

（2）澳大利亚农牧业的基本特征是什么？

2 请想一想澳大利亚农牧业为什么如此发达。

【提示】　根据活动一与活动二中的知识进行思考，具体可从澳大利亚的国土面积、地理地形、气候环境和其他方面综合分析其农牧业发达的原因。

澳大利亚农牧业为什么如此发达？

（1）国土面积方面：

（2）地理地形方面：

（3）气候环境方面：

（4）其他方面：________________________________

____

活动三 可持续发展的澳大利亚农牧场

请和小组成员一起设计实现草场可持续发展的方案。

（1）定义问题：

澳大利亚如何实现牧场的可持续发展？

（2）确定约束：

a. 牧场有限，且牧场的生长需要时间。

b. 牛羊的数量庞大。

（3）设计方案：

a. 播种牧草

牧草的生长需要：__________、__________、__________和__________。

如何提供上述养料？

__________由__________提供；

__________由__________提供；

__________由__________提供；

__________由__________提供。

b. 牛羊数量的控制

____

____

（4）交流方案：

我发现的新问题：________________________________

____

（5）修改方案：

请把需要补充和修改的部分填写在下面横线上。

____

____

活动四 我心目中的牧场

请和小组成员一起思考牧场中都有哪些元素，确定要打印的元素，最好各个小组打印不同的元素，最后全班同学一起将这些元素组合，构建出一个牧场模型。

（1）制订方案

我们小组的名字	
我们小组的成员	
我们小组计划打印的牧场元素：	
材料清单	请选择合适的材料： □计算机　□ 123D Design 软件　□ 3D 打印耗材 □ 3D 打印机　□ Cura 软件彩笔　□插座 补充的材料有：
绘制的思路	

（2）实施建模方案

绘制牧场的步骤	
使用到的软件功能	

（3）评价方案

我们认为做得很棒的小组有：

理由：

值得我们学习的地方：

我们小组做的牧场模型好吗？还有什么可以改进的？

我的评价

请根据自己的学习情况，给小星星涂上喜欢的颜色。

20% 能做到	☆
40% 能做到	☆☆
60% 能做到	☆☆☆
80% 能做到	☆☆☆☆
100% 能做到	☆☆☆☆☆

1. 我能说出澳大利亚两种典型动物如袋鼠、松鼠的外形特征	☆☆☆☆☆
2. 我能总结出动物的外形特征与其生命活动有关	☆☆☆☆☆
3. 我能说出澳大利亚在世界地图中的位置和环境特点	☆☆☆☆☆
4. 我能在利用 3D 打印设计并制作牧场各个模型的过程中，深化对建模、切片打印、模型验证与组装过程的理解	☆☆☆☆☆
5. 我能设计并进行牧场模型的建模	☆☆☆☆☆
6. 我能树立可持续发展的理念。了解牧场运作方式不当（如过度放牧）会对自然环境造成破坏，这对于牧场的可持续发展是不利的	☆☆☆☆☆

反思笔记

◎本模块中澳大利亚给我印象最深的地方是：

____

____

◎本模块我学到的关于澳大利亚农牧场的知识有：

____

____

◎我在本模块收获最多的是：

____

____

____

◎我在本模块做得不好需要努力的地方是：

____

____

____